KLEINES MÄUSEWORT

Handling

Vorliegende Arbeitsblätter sind so angelegt, dass daraus eine DIN A 5-Lernkartei hergestellt werden kann. Dazu werden die Blätter halbiert und folienkaschiert. So erhält man ein stabiles Arbeitsmittel für die Freiarbeits-Ecke.

Den meisten Aufgabenblättern sind Lösungsblätter zugeordnet. Sie tragen dieselbe Karten-Nummer und sind nach dem Auseinanderschneiden der Blätter leicht zu finden, auch wenn sie getrennt aufbewahrt werden.

Übungsmethoden

Die meisten Aufgaben sind leicht zu bewältigen. Vielen Schülern mag es eine Hilfe sein, wenn sie ein Rechenheft oder ein kariertes Blatt bereitlegen, in welchem sie Notizen zu den Aufgaben machen können.

Karte eins und zwei – das Hunderter-Haus und das Einmaleins-Haus – sollten für jedes Kind kopiert werden und beim Üben stets griffbereit sein.

Bei der Arbeit mit den Zahlenhäusern gibt es vieles zu entdecken. Wir haben darauf verzichtet, zu viel zu erklären. Eigene Entdeckungen sind für das Lernen wesentlich wertvoller.
Ab Karte 12 wird vorausgesetzt, dass im regulären Unterricht alle Einmaleins-Reihen thematisiert wurden.

Wer übt mit den Karten?

- Schüler der Grundschule ab Ende der Klasse 2
- Sonderschüler
- Nachhilfeschüler

So, genug gemaust.
Viel Spaß wünschen

Karin Pfeiffer und Walter Frenzl

INHALT

Lendersdorfer Traumfabrik

KARTE NR. 1

Das Hunderter-Haus

1	2	3	4	5	6	7	8	9	10
11	12	13	14	15	16	17	18	19	20
21	22	23	24	25	26	27	28	29	30
31	32	33	34	35	36	37	38	39	40
41	42	43	44	45	46	47	48	49	50
51	52	53	54	55	56	57	58	59	60
61	62	63	64	65	66	67	68	69	70
71	72	73	74	75	76	77	78	79	80
81	82	83	84	85	86	87	88	89	90
91	92	93	94	95	96	97	98	99	100

In diesem Haus findest du alle Zahlen der Reihe nach von eins bis hundert.

Wie sind die Zahlen senkrecht angeordnet? Findest du ein Rechengesetz, wenn du die Spalten senkrecht von oben nach unten rechnest?

Schreibe hier deine Antwort auf:

....

....

....

Die Rechenschritte betragen jedesmal plus 10. Es sind also von oben nach unten immer zehn mehr.

KARTE NR. 2

Das Einmaleins-Haus

1	2	3	4	5	6	7	8	9	10
2	4	6	8	10	12	14	16	18	20
3	6	9	12	15	18	21	24	27	30
4	8	12	16	20	24	28	32	36	40
5	10	15	20	25	30	35	40	45	50
6	12	18	24	30	36	42	48	54	60
7	14	21	28	35	42	49	56	63	70
8	16	24	32	40	48	56	64	72	80
9	18	27	36	45	54	63	72	81	90
10	20	30	40	50	60	70	80	90	100

In diesem Haus findest du alle Reihen des kleinen Einmaleins.

Schau dir einmal die senkrechten und die waagerechten Spalten an. Welche Entdeckung machst du?

Schreibe hier deine Antwort auf:

....

....

....

Die einzelnen Einmaleins-Reihen sind waagerecht und senkrecht abzulesen.

Lendersdorfer Traumfabrik

Die 2er-Reihe bis 100

	2		4						

Trage in das Hunderter-Haus alle Zahlen ein, die ein Vielfaches von 2 sind: 2, 4, 6, 8, 10, 12 usw. Lasse die Kästchen für die ungeraden Zahlen leer und male sie nach dem Schreiben in einer kräftigen Farbe an. Wie sieht dein Zahlenhaus jetzt aus?

Die 3er-Reihe bis 100

		3			6				

Trage in das Hunderter-Haus alle Zahlen ein, die ein Vielfaches von 3 sind: 3, 6, 9, 12, 15 usw. Lasse die Kästchen für die anderen Zahlen leer und male sie nach dem Schreiben in einer kräftigen Farbe an. Wie sieht dein Zahlenhaus jetzt aus?

KARTE NR. 5

Die 4er-Reihe bis 100

			4				8		

Trage in das Hunderter-Haus alle Zahlen ein, die ein Vielfaches von 4 sind: 4, 8, 12, 16, 20 usw. Lasse die Kästchen für die anderen Zahlen leer und male sie nach dem Schreiben in einer kräftigen Farbe an. Wie sieht dein Zahlenhaus jetzt aus?

KARTE NR. 6

Die 5er-Reihe bis 100

				5					10

Trage in das Hunderter-Haus alle Zahlen ein, die ein Vielfaches von 5 sind: 5, 10, 15, 20, 25 usw. Lasse die Kästchen für die anderen Zahlen leer und male sie nach dem Schreiben in einer kräftigen Farbe an. Wie sieht dein Zahlenhaus jetzt aus?

KARTE NR. 7

Die 6er-Reihe bis 100

					6				
	12								

Trage in das Hunderter-Haus alle Zahlen ein, die ein Vielfaches von 6 sind: 6, 12, 18 usw.
Lasse die Kästchen für die anderen Zahlen leer und male sie nach dem Schreiben in einer kräftigen Farbe an.
Wie sieht dein Zahlenhaus jetzt aus?

KARTE NR. 8

Die 7er-Reihe bis 100

						7			
			14						

Trage in das Hunderter-Haus alle Zahlen ein, die ein Vielfaches von 7 sind: 7, 14, 21 usw.
Lasse die Kästchen für die anderen Zahlen leer und male sie nach dem Schreiben in einer kräftigen Farbe an.
Wie sieht dein Zahlenhaus jetzt aus?

KARTE NR. 9

Die 8er-Reihe bis 100

							8		
					16				

Trage in das Hunderter-Haus alle Zahlen ein, die ein Vielfaches von 8 sind: 8, 16, 24 usw.
Lasse die Kästchen für die anderen Zahlen leer und male sie nach dem Schreiben in einer kräftigen Farbe an.
Wie sieht dein Zahlenhaus jetzt aus?

KARTE NR. 10

Die 9er-Reihe bis 100

								9	
							18		

Trage in das Hunderter-Haus alle Zahlen ein, die ein Vielfaches von 9 sind: 9, 18, 27 usw.
Lasse die Kästchen für die anderen Zahlen leer und male sie nach dem Schreiben in einer kräftigen Farbe an.
Wie sieht dein Zahlenhaus jetzt aus?

Doppelte Zwillinge

1	2	3	4	5	6	7	8	9	10
2	4	6	8	10	12	14	16	18	20
3	6	9	12	15	18	21	24	27	30
4	8	12	16	20	24	28	32	36	40
5	10	15	20	25	30	35	40	45	50
6	12	18	24	30	36	42	48	54	60
7	14	21	28	35	42	49	56	63	70
8	16	24	32	40	48	56	64	72	80
9	18	27	36	45	54	63	72	81	90
10	20	30	40	50	60	70	80	90	100

Suche jeweils folgende Zahlen im Einmaleins-Quadrat und male sie gelb aus:

6, 8, 10, 12, 18, 20, 24, 30, 40

1. Wie oft kommt jede Zahl vor? Schreibe die Antwort in einem ganzen Satz!

2. Schreibe alle Einmaleins-Aufgaben auf, deren Ergebnis die obigen neun Zahlen sind, zum Beispiel:

2 · 3 = 6
3 · 2 = 6
1 · 6 = 6
6 · 1 = 6

LÖSUNGEN

KARTE NR. 11

1. Wie oft kommt jede Zahl vor?
(6, 8, 10, 12, 18, 20, 24, 30, 40)

Jede Zahl kommt 4 x vor.

2. Die Einmaleinsaufgaben

1 · 6 = 6
6 · 1 = 6
2 · 3 = 6
3 · 2 = 6

1 · 8 = 8
8 · 1 = 8
2 · 4 = 8
4 · 2 = 8

1 · 10 = 10
10 · 1 = 10
2 · 5 = 10
5 · 2 = 10

2 · 6 = 12
6 · 2 = 12
3 · 4 = 12
4 · 3 = 12

2 · 9 = 18
9 · 2 = 18
3 · 6 = 18
6 · 3 = 18

2 · 10 = 20
10 · 2 = 20
4 · 5 = 20
5 · 4 = 20

3 · 8 = 24
8 · 3 = 24
4 · 6 = 24
6 · 4 = 24

3 · 10 = 30
10 · 3 = 30
5 · 6 = 30
6 · 5 = 30

4 · 10 = 40
10 · 4 = 40
5 · 8 = 40
8 · 5 = 40

Quadratzahlen

Wird eine Zahl mit sich selbst malgenommen, ist das Ergebnis eine Quadratzahl. Das kleine Einmaleins enthält zehn Quadratzahlen.

1. Finde alle Einmaleins-Aufgaben, die Quadratzahlen ergeben.
Trage sie in das Hunderterhaus ein.

2. Suche im Einmaleins-Haus auf Karte 2 diese Zahlen.
– Welche Zahlen kommen dreimal vor?
– Welche Zahlen kommen einmal vor?

Schreibe die Malaufgaben für alle Quadrat-Zahlen in dein Heft!

LÖSUNGEN

KARTE NR. 12

$1 \cdot 1 = 1$
$2 \cdot 2 = 4$
$3 \cdot 3 = 9$
$4 \cdot 4 = 16$
$5 \cdot 5 = 25$
$6 \cdot 6 = 36$
$7 \cdot 7 = 49$
$8 \cdot 8 = 64$
$9 \cdot 9 = 81$
$10 \cdot 10 = 100$

1			4					9	
					16				
				25					
					36				
								49	
			64						
81									
									100

1. Die Quadratzahlen kannst du zur Kontrolle im Kästchen ablesen.

2. Im Einmaleins-Haus sind dreimal vorhanden:
4, 9, 16, 36

Nur einmal vorhanden sind:
1, 25, 49, 64, 81, 100

Lendersdorfer Traumfabrik

Alle Zahlen der Einmaleins-Reihen

1									

Sage alle Einmaleins-Reihen auf und trage dazu die Ergebnisse in die entsprechenden Kästchen im Hunderter-Haus ein.
Überprüfe die Richtigkeit mit der Lösungskarte.
Wenn alles stimmt, male die leer gebliebenen Kästchen farbig aus.
Trage dann die fehlenden Ziffern ein.

Spiele jetzt mit diesem vorbereiteten Hunderter-Haus zu zweit das Spiel:
Drin oder nicht? (siehe Lösungsblatt)

LÖSUNGEN

KARTE NR. 13

Drin oder nicht? – Spiel zu zweit

Spieler A hat das ausgemalte Zahlenhaus vor sich liegen.
Er sucht sich eine beliebige Zahl aus und fragt seinen Mitspieler B:
„24 – drin oder nicht?“
Spieler B muss überlegen, ob die gefragte Zahl in den Einmaleins-Reihen aufscheint. Spieler A kann seine Antwort sofort bestätigen. Für jede richtige Antwort gibt es einen Punkt. Nach jeweils fünf Fragen wird gewechselt. Wer gewinnt?

1	2	3	4	5	6	7	8	9	10
	12		14	15	16		18		20
21			24	25		27	28		30
	32			35	36				40
	42			45			48	49	50
			54		56				60
		63	64						70
	72								80
81									90
									100

KARTE NR. 14

Das unfertige Einmaleins-Haus

1	2	3	4		6		8	9	10
2			8	10		14		18	20
3	6	9			18	21	24		30
4	8	12		20			32	36	40
5		15		25	30				
	12			30		42		54	60
7	14		28		42		56		70
			32		48	56	64	72	80
9	18	27		45		63			90
10	20		40	50	60		80	90	100

Kannst du die fehlenden Zahlen im Einmaleins-Haus ergänzen? Zur Kontrolle schau nach auf Karte Nr. 2

KARTE NR. 15

Mein unfertiges Einmaleins-Haus

Baue hier ein eigenes Einmaleins-Haus und lasse 20 Zahlen weg.
Gib deinem Partner das unfertige Haus zum Ergänzen!

Welche Einmaleins-Reihen?

Reihe										
									18	
			30							
					20					
										10
				20						
			9							

Kannst du die fehlenden Zahlen dieser Einmaleins-Reihen ergänzen?

LÖSUNGEN

Reihe 2	2	4	6	8	10	12	14	16	18	20
Reihe 10	10	20	30	40	50	60	70	80	90	100
Reihe 4	4	8	12	16	20	24	28	32	36	40
Reihe 1	1	2	3	4	5	6	7	8	9	10
Reihe 5	5	10	15	20	25	30	35	40	45	50
Reihe 3	3	6	9	12	15	18	21	24	27	30

Lendersdorfer Traumfabrik

Welche Einmaleins-Reihen?

Reihe										
◯						18				
◯					45					
◯									63	
◯						36				
◯								40		
◯					40					

Kannst du die fehlenden Zahlen dieser Einmaleins-Reihen ergänzen?

LÖSUNGEN

KARTE NR. 17

Reihe 3	3	6	9	12	15	18	21	24	27	30
Reihe 9	9	18	27	36	45	54	63	72	81	90
Reihe 7	7	14	21	28	35	42	49	56	63	70
Reihe 6	6	12	18	24	30	36	42	48	54	60
Reihe 5	5	10	15	20	25	30	35	40	45	50
Reihe 8	8	16	24	32	40	48	56	64	72	80

Welches Wort ist versteckt?

S	E	D	B	H	O	L	X	L	A
K	L	B	N	S	Z	I	E	X	H
F	V	Y	X	G	M	E	L	W	I
Ö	R	Q	Ü	C	Z	M	B	H	S
K	T	S	D	L	S	A	T	M	D
C	Ä	S	W	O	C	B	C	G	S
A	S	Y	E	X	B	W	I	O	R
Z	T	H	G	B	N	M	J	H	G
T	J	H	D	F	T	Z	U	B	G
L	K	F	B	N	E	U	Z	V	J

Rechne aus!
Suche im Hunderter-Haus das richtige Kästchen und färbe es gelb ein.
Am Ende ergibt sich ein Lösungswort.

5 · 3 = ☐ **6 · 7 =** ☐

7 · 8 = ☐ **8 · 8 =** ☐

4 · 5 = ☐ **4 · 8 =** ☐

7 · 7 = ☐ **3 · 3 =** ☐

3 · 9 = ☐ **5 · 6 =** ☐

9 · 9 = ☐ **2 · 7 =** ☐

5 · 5 = ☐

Lösungswort → ☐☐☐☐☐☐☐☐☐☐☐☐☐

LÖSUNGEN

KARTE NR. 18

5 · 3 = 15 **6 · 7 = 42**

7 · 8 = 56 **8 · 8 = 64**

4 · 5 = 20 **4 · 8 = 32**

7 · 7 = 49 **3 · 3 = 9**

3 · 9 = 27 **5 · 6 = 30**

9 · 9 = 81 **2 · 7 = 14**

5 · 5 = 25

Lösungswort → S C H M E T T E R L I N G

Welches Wort ist versteckt?

S	E	D	B	H	A	L	L	A	L
K	A	B	N	S	N	I	E	X	H
G	V	Y	D	G	M	E	L	W	I
Ö	R	Q	Ü	E	H	M	B	H	F
K	T	S	D	R	S	A	T	M	D
C	Ä	S	R	O	C	B	C	G	S
A	S	I	X	E	B	W	I	O	R
Z	K	H	G	B	N	M	J	H	G
T	J	H	D	F	T	Z	U	B	G
L	K	F	B	N	E	U	Z	V	J

Rechne aus!
Suche im Hunderter-Haus das richtige Kästchen und färbe es gelb ein.
Am Ende ergibt sich ein Lösungswort.

$8 \cdot 5 =$ ☐ $9 \cdot 8 =$ ☐
$2 \cdot 6 =$ ☐ $2 \cdot 5 =$ ☐
$6 \cdot 6 =$ ☐ $7 \cdot 9 =$ ☐
$6 \cdot 9 =$ ☐ $2 \cdot 8 =$ ☐
$9 \cdot 5 =$ ☐ $7 \cdot 3 =$ ☐
$2 \cdot 3 =$ ☐ $5 \cdot 7 =$ ☐
$3 \cdot 8 =$ ☐ $4 \cdot 2 =$ ☐

Lösungswort → | | | | | | | | | | | | | | |

LÖSUNGEN

KARTE NR. 19

$8 \cdot 5 = 40$ $9 \cdot 8 = 72$
$2 \cdot 6 = 12$ $2 \cdot 5 = 10$
$6 \cdot 6 = 36$ $7 \cdot 9 = 63$
$6 \cdot 9 = 54$ $2 \cdot 8 = 16$
$9 \cdot 5 = 45$ $7 \cdot 3 = 21$
$2 \cdot 3 = 6$ $5 \cdot 7 = 35$
$3 \cdot 8 = 24$ $4 \cdot 2 = 8$

Lösungswort → F A H R R A D K L I N G E L

Nachbarzahlen

1	2	3	4	5	6	7	8	9	10
11	12	13	14	15	16	17	18	19	20
21	22	23	24	25	26	27	28	29	30
31	32	33	34	35	36	37	38	39	40
41	42	43	44	45	46	47	48	49	50
51	52	53	54	55	56	57	58	59	60
61	62	63	64	65	66	67	68	69	70
71	72	73	74	75	76	77	78	79	80
81	82	83	84	85	86	87	88	89	90
91	92	93	94	95	96	97	98	99	100

Rechne aus!
Suche im Hunderter-Haus das richtige Kästchen und färbe das Kästchen der nächsthöheren Zahl rot.
Zähle diese Zahlen zusammen!

zum Beispiel
8 · 10 = 80
81 wird rot!

4 · 3 = ☐ **7 · 1 =** ☐

8 · 7 = ☐ **9 · 9 =** ☐

2 · 2 = ☐ **4 · 8 =** ☐

5 · 7 = ☐ **7 · 3 =** ☐

4 · 9 = ☐ **2 · 10 =** ☐

4 · 4 = ☐ **5 · 6 =** ☐

addiere → ☐ ☐ ☐ ☐ ☐ ☐ ☐ ☐ ☐ ☐ ☐ ☐ = ☐

LÖSUNGEN

4 · 3 = 12 **7 · 1 = 7**

8 · 7 = 56 **9 · 9 = 81**

2 · 2 = 4 **4 · 8 = 32**

5 · 7 = 35 **7 · 3 = 21**

4 · 9 = 36 **2 · 10 = 20**

4 · 4 = 16 **5 · 6 = 30**

addiere → **13 57 5 36 37 17 8 82 33 22 21 31 = 362**

Kreuzzahl-Rätsel

Zweistellige Zahlen schreibe in ein Kästchen!

Beispiel

9 · 3 = 27

WAAGERECHT

1. 4 · ? = 8 · 7 = ?
5. acht mal ? ist vierzig
8. 7 · ? = 14
10. sechs mal acht
11. 50 = ? · 10
12. Löse die Aufgabe 1 senkrecht, teile das Ergebnis durch vier.
13. Diese Zahl entsteht, wenn du sieben mal sechs rechnest.
15. 3 · 4 = ?
17. Diese Zahl geteilt durch neun ergibt zwei.
19. Multipliziere sechs mit neun.
21. ? : 12 = 3 · 8 = ?
22. 14 = 2 : ?
23. 3 · 8 = ? : 6 = ?

SENKRECHT

1. Nimm die Zahl vier mal sieben.
2. ? · ? = 4 · 9 = ?
3. sieben mal sechs
4. ? = 8 · 7
6. Eine Malaufgabe, bei der das Ergebnis 25 ist.
7. Vierzig ist gleich zehn mal wie viel.
9. 14 : ? = 2 · 12 = ?
14. 6 · 4 = ?
16. Diese Zahl teilst du durch sechs und erhältst zwei.
17. ? : 6 = 3
18. 32 = 8 · ?
20. Die Zahl neun wird mit einer anderen Zahl multipliziert, das Ergebnis ist 63.

Lendersdorfer Traumfabrik

Kreuzzahl-Rätsel

L SUNGEN

[1] 4	·	[2] 2	=	8	·	[3] 7	=	[4] 56		
·		·			[5] 8	·	[6] 5	=	[7] 40	
[8] 7	·	2	=	[9] 14		[10] 6	·	8	=	48
=		=		:	[11] 50	=	5	·	10	
[12] 28	:	4	=	7		[13] 42	=	7	·	[14] 6
	[15] 3	·	4	=	[16] 12		25		4	·
[17] 18	:	9	=	2	:			[18] 32		4
:		=		·	[19] 6	·	[20] 9	=	54	=
6		[21] 36	:	12	=	3	·	8	=	24
=			[22] 14	=	2	:	7	·		
[23] 3	·	8	=	24	:	6	=	4		
							63			

Leer-Haus

Hier kannst du dir selbst ein Rechenspiel zum kleinen Einmaleins ausdenken.
Schreibe in der zweiten Blatthälfte deine Aufgaben hin und gib sie deinem Partner zum Ausrechnen.

Das kleine Einmaleins

1	1	2	3	4	5	6	7	8	9	10
2	2	4	6	8	10	12	14	16	18	20
3	3	6	9	12	15	18	21	24	27	30
4	4	8	12	16	20	24	28	32	36	40
5	5	10	15	20	25	30	35	40	45	50
6	6	12	18	24	30	36	42	48	54	60
7	7	14	21	28	35	42	49	56	63	70
8	8	16	24	32	40	48	56	64	72	80
9	9	18	27	36	45	54	63	72	71	90
10	10	20	30	40	50	60	70	80	90	100

0-1813 BK